BEI GRIN MACHT SICH IHR WISSEN BEZAHLT

- Wir veröffentlichen Ihre Hausarbeit,
  Bachelor- und Masterarbeit

- Ihr eigenes eBook und Buch -
  weltweit in allen wichtigen Shops

- Verdienen Sie an jedem Verkauf

Jetzt bei www.GRIN.com hochladen
und kostenlos publizieren

Gesa Fee Komar

„Glotzt doch nicht so romantisch" - Über das Epische Theater

GRIN Verlag

Bibliografische Information der Deutschen Nationalbibliothek:

Die Deutsche Bibliothek verzeichnet diese Publikation in der Deutschen National-
bibliografie; detaillierte bibliografische Daten sind im Internet über http://dnb.d-
nb.de/ abrufbar.

Dieses Werk sowie alle darin enthaltenen einzelnen Beiträge und Abbildungen
sind urheberrechtlich geschützt. Jede Verwertung, die nicht ausdrücklich vom
Urheberrechtsschutz zugelassen ist, bedarf der vorherigen Zustimmung des Verla-
ges. Das gilt insbesondere für Vervielfältigungen, Bearbeitungen, Übersetzungen,
Mikroverfilmungen, Auswertungen durch Datenbanken und für die Einspeicherung
und Verarbeitung in elektronische Systeme. Alle Rechte, auch die des auszugsweisen
Nachdrucks, der fotomechanischen Wiedergabe (einschließlich Mikrokopie) sowie
der Auswertung durch Datenbanken oder ähnliche Einrichtungen, vorbehalten.

Impressum:

Copyright © 2010 GRIN Verlag GmbH
Druck und Bindung: Books on Demand GmbH, Norderstedt Germany
ISBN: 978-3-656-31166-9

Dieses Buch bei GRIN:

http://www.grin.com/de/e-book/198195/glotzt-doch-nicht-so-romantisch-ueber-
das-epische-theater

GRIN - Your knowledge has value

Der GRIN Verlag publiziert seit 1998 wissenschaftliche Arbeiten von Studenten, Hochschullehrern und anderen Akademikern als eBook und gedrucktes Buch. Die Verlagswebsite www.grin.com ist die ideale Plattform zur Veröffentlichung von Hausarbeiten, Abschlussarbeiten, wissenschaftlichen Aufsätzen, Dissertationen und Fachbüchern.

Besuchen Sie uns im Internet:

http://www.grin.com/

http://www.facebook.com/grincom

http://www.twitter.com/grin_com

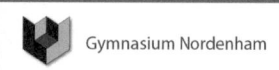
„Glotzt doch nicht so romantisch ..."
– Über das Epische Theater

Vorgelegt von: Gesa Fee Komar, Q1

Butjadingen, den 3. November 2010

Inhaltsverzeichnis

Abb. 1 auf dem Deckblatt: Gaby Pochert als Mutter Courage (Quelle: Programmheft, Mutter Courage und ihre Kinder, Oldenburgisches Staatstheater, Spielzeit 2009)

1. Einleitung

Mit der Bezeichnung des epischen Theaters wird vor allem das Werk von Bertolt Brecht (1898-1956) verbunden. Brecht beabsichtigt mit seinen Stücken, die Wirklichkeit als veränderungsbedürftig darzustellen. Dabei geht es ihm weniger darum, die Zuschauer zum Mitfühlen anzuregen als vielmehr ihre kritische Haltung zu erwecken. Dies hat er mit dem Spruch „Glotzt doch nicht so romantisch"[1] exemplarisch zum Ausdruck gebracht. Er möchte damit sicherstellen, dass jegliche Illusion vermieden wird: „Nicht miterleben soll der Zuschauer, sondern sich auseinandersetzen."[2]

Brechts Theater ist ein radikaler Schnitt zu den zeitgenössischen Theatergewohnheiten und die Aufführungen sind als skandalös empfunden worden, wie folgendes Zitat aus der Badischen Volkszeitung vom 30. Juli 1929 verdeutlicht:

> „Wenn Herr Brecht meint, mit dem Publikum Schindluder treiben zu können, so hat dasselbe das Recht, sich dagegen aufzulehnen, und wir freuen uns, daß es von diesem Recht der Selbsthilfe durch Pfeifen und Toben Gebrauch machte, [...] weil mit einer Brutalität auf die Nerven der Leute, die ohnehin schon überreizt waren, herumgetrampelt wurde, die etwas geradezu Sadistisches hatte."[3]

Im Folgenden wird zunächst eine Definition des epischen Theaters angeführt, um die wichtigsten Elemente zu kennzeichnen. Die Entstehungsgeschichte dieser Gattung schließt sich an, bevor deren Merkmale erläutert und am Beispiel von Brechts „Mutter Courage und ihre Kinder" veranschaulicht werden. Den Schluss bildet ein Fazit.

2. Episches Theater

2.1 Definition

Das epische Theater (gr. épos: erzählende Dichtung) ist ein Konzept Bertolt Brechts, in dem er die Behandlung gesellschaftlicher Fragen bezweckt.[4] Entscheidendes Kriterium des epischen Theaters ist sein Realismus,[5] weil es den Zeitbezug und die gesellschaftliche Relevanz betont.[6] Das epische Theater will den Zuschauer aktivieren und zu politischen Entscheidungen drängen. Nicht primär die Einfühlung des Zuschauers wird angestrebt, sondern dessen Auseinandersetzung mit dem Geschehen und die Eröffnung von Handlungsmöglichkeiten.

---

[1] Brecht, zit. nach Gronemeyer, Theater, S. 148.

[2] Brecht, zit. nach Simhandl, Theatergeschichte, S. 248.

[3] Badische Volkszeitung, Baden-Baden, vom 30. Juli 1929, zit. nach Fischer-Lichte (2010), S. 229f.

[4] Vgl. Kittstein, Brecht, S. 37.

[5] Vgl. Simhandl, Theatergeschichte, S. 248.

[6] Vgl. Art. „Episches Theater", in: Fischer-Lichte et al., Theatertheorie, S. 90f.

Um die Einfühlung des Zuschauers in das Bühnengeschehen zu verhindern, wird der Verfremdungseffekt (V-Effekt) eingesetzt. Mit dieser zentralen Kategorie appelliert das epische Theater an den Verstand des Zuschauers[7] und möchte zu einem umfassenden Lernprozess beitragen.[8] Dies ist ein dialektischer Vermittlungsprozess, den der Zuschauer selbst zwischen Wirklichkeit und Bühnenvorgängen aktiv vollziehen muss.[9]

Bertolt Brecht hat diese Form des Bühnenstücks nicht nur entwickelt, sondern auch theoretisch begründet. Er grenzt damit das epische Theater als distanzierende und demonstrierende Darstellung klar vom dramatischen Theater ab.[10]

2.2 Entstehungsgeschichte

Die Gattung „Episches Theater" entwirft Brecht in Berlin zur Zeit der Weimarer Republik.[11] Anregungen erhält er durch den Regisseur und Theaterleiter Erwin Piscator (1893-1966) und dessen Inszenierungen am 1919 gegründeten „Proletarischen Theater", wo er selbst teilweise mitarbeitet.[12] Im Stil der „Neuen Sachlichkeit" fordert er Nüchternheit auf der Bühne und im Zuschauerraum. Das Publikum soll „wie im Sportpalast" die Vorgänge auf der Bühne verfolgen.[13]

Brechts Erfahrung mit dem Ersten Weltkrieg und den damit verbundenen Massenschlachten ist für sein Schaffen prägend. In seinen Werken verarbeitet er die Krisen der Zeit und möchte vor allem soziale Fragen für die Zuschauer durchschaubar machen.[14] Er schreibt u.a. die Stücke „Mann ist Mann", „Die heilige Johanna der Schlachthöfe" und die „Dreigroschenoper". Zu dem Werk „Aufstieg und Fall der Stadt Mahagonny" verfasst er in den Anmerkungen eine Grundkonzeption des epischen Theaters. In einem Schema stellt er die dramatische Form und die epische Form einander gegenüber.[15] Im Exil ab 1933 baut er seine Theorie weiter aus und es entsteht eine Reihe seiner Hauptwerke wie z.B. „Mutter Courage und ihre Kinder". Nach dem Zweiten Weltkrieg ist ihm in Ostberlin ein eigenes Theater, das „Berliner Ensemble", für die Aufführung seiner Stücke zur Verfügung gestellt worden.[16]

---

[7] Vgl. Art. „Episches Theater", in: Duden Literatur (2006), S. 74.

[8] Vgl. Kittstein, Brecht, S. 38.

[9] Vgl. Fischer-Lichte, Drama, S. 239.

[10] Vgl. Art. „Episches Theater", in: Fischer-Lichte et al. (2005), S. 90.

[11] Vgl. Simhandl, Theatergeschichte, S. 245-248.

[12] Vgl. Gronemeyer, Theater, S. 144f.

[13] Vgl. Simhandl, Theatergeschichte, S. 245-248.

[14] Vgl. Art. „Episches Theater und Lehrstücke", in: Duden Literatur (2006), S. 379.

[15] Vgl. Simhandl, Theatergeschichte, S. 245-248.

[16] Vgl. Gronemeyer, Theater, S. 148.

2.3 Merkmale

Im Mahagonny-Schema, einer Gegenüberstellung der „Dramatische(n) Form des Theaters" und der „Epische(n) Form des Theaters" aus dem Jahr 1929, hebt Brecht die wichtigsten Unterschiede zur traditionellen Auffassung von Theater hervor.[17]

Tabelle 1: Bertolt Brecht zum epischen Theater, 1929 (Quelle: Kotte (2005), S. 108)

Dramatische Form des Theaters	Epische Form des Theaters
handelnd	erzählend
verwickelt den Zuschauer in eine Bühnenaktion	macht den Zuschauer zum Betrachter
verbraucht seine Aktivität	weckt seine Aktivität
ermöglicht ihm Gefühle	erzwingt von ihm Entscheidungen
Erlebnis	Weltbild
der Zuschauer wird in etwas hineinversetzt	er wird gegenübergesetzt
Suggestion	Argument
die Empfindungen werden konserviert	bis zur Erkenntnis getrieben
der Zuschauer steht mittendrin, erlebt mit	der Zuschauer steht gegenüber, studiert mit
der Mensch als bekannt vorausgesetzt	der Mensch ist Gegenstand der Untersuchung
der unveränderliche Mensch	der unveränderliche und verändernde Mensch
Spannung auf den Ausgang	Spannung auf den Gang
eine Szene für die andere	jede Szene für sich
Wachstum	Montage
Geschehen linear	in Kurven
evolutionäre Zwangsläufigkeit	Sprünge
der Mensch als Fixum	der Mensch als Prozess
das Denken bestimmt das Sein	das gesellschaftliche Sein bestimmt das Denken
Gefühl	Ratio

Hauptmerkmal des dramatischen Theaters ist die Einfühlung des Zuschauers in Vorgänge und Figuren. Das epische Theater dagegen bezweckt die verstandesmäßige Erfassung des Gezeigten. Während im dramatischen Theater „Spannung auf den Ausgang" erzeugt wird und das Geschehen linear verläuft, wird im epischen Theater ein Vorgang erzählt, wobei die Spannung auf den Gang gerichtet ist und jede Szene für sich steht.[18] Statt Suggestion sind Argumente wichtige Bestandteile des epischen Theaters, das Brecht als ein wissenschaftliches verstanden haben möchte, bei dem mit klarem Kopf über die Dinge nachzudenken sei.[19] Der Zuschauer soll das Thema verstehen und in der Lage sein, für sein eigenes Leben daraus Schlüsse zu ziehen. Mit diesen neuen Stilmitteln ist eine Distanz des Zuschauers zum Geschehen verbunden. Unterstützt wird diese durch den Verfremdungseffekt.

---

[17] Vgl. Brecht (1929), zit. nach Kotte, Theaterwissenschaft, S. 108. Kocks, Brechts literarische Evolution, datiert die erste Fassung des sog. Mahagonny-Schemas auf das Jahr 1930; es wurde 1931 und 1938 modifiziert, vgl. Kocks, Brechts literarische Evolution, S. 73-76.

[18] Vgl. Simhandl, Theatergeschichte, S. 248.

[19] Vgl. Natschke, Das politische Theater, S. 14.

2.3.1 Der Verfremdungseffekt

Das wichtigste Werkzeug des epischen Theaters ist der sogenannte Verfremdungseffekt, mit dem der Unterschied zwischen der Realität des Theaters und der von ihm nachgeahmten Realität bezeichnet wird.[20] Damit wird die Einfühlung als wichtiges Merkmal des dramatischen Theaters aufgegeben und durch eine distanzierte Haltung des Zuschauers ersetzt. Bertolt Brecht hat dies in dem Text „Über experimentelles Theater" im Jahr 1939 folgendermaßen beschrieben:

> „Es ist nicht schwer, einzusehen, daß das Aufgeben der Einfühlung für das Theater eine riesige Entscheidung, vielleicht das größte aller denkbaren Experimente bedeuten würde. Die Menschen gehen ins Theater, um mitgerissen, gebannt, beeindruckt, erhoben, entsetzt, ergriffen, gespannt, befreit, zerstreut, erlöst, in Schwung gebracht, aus ihrer eigenen Zeit entführt, mit Illusionen versehen zu werden. All dies ist so selbstverständlich, daß die Kunst geradezu damit definiert wird, daß sie befreit, mitreißt, erhebt und so weiter. Sie ist gar keine Kunst, wenn sie das nicht tut. Die Frage lautet also: Ist Kunstgenuß überhaupt möglich ohne Einfühlung oder jedenfalls auf einer andern Basis als der Einfühlung?"[21]

Abbildung 2: Inszenierung von Mutter Courage und ihre Kinder am Staatstheater Oldenburg 2009. Kargheit des Bühnenbildes verdeutlicht V-Effekt. (Quelle: http://cdn1.venyoobot.de/images/gj/nt/gj ntm5_425_640.jpg)

An die Stelle der Einfühlung tritt die Verfremdung, bei der Gewohntes aus einer neuen, den Sehgewohnheiten fremden Perspektive gesehen wird.[22] Um dies zu erreichen, werden verschiedene Stilelemente wie z.B. an den Zuschauer adressierte „Songs" als nicht in die Handlung eingeschmolzene Bestandteile des Stücks[23] und die Distanz des Schauspielers zu der von ihm verkörperten Rolle eingeführt. Alles Gefühlsmäßige wird zur zeigenden Geste und das Spiel wirkt unterkühlt. Der Text wird zum Zitat. Auf diese Weise sieht der Schauspieler sich selber zu.[24] Die Identifizierung des Schauspielers mit der Figur soll vermieden werden, um die Illusion des Zuschauers zu verhindern: „Der Schauspieler des epischen Theaters spricht und handelt in der Haltung des Erzählers."[25] Auch das Bühnenbild unterstützt den V-Effekt. Lichtquellen sind sichtbar, Objekte

---

[20] Vgl. Simhandl, Theatergeschichte, S. 249.

[21] Brecht, Bertolt: Über experimentelles Theater (1939), zit. nach Brauneck, Theater im 20. Jahrhundert, S. 553.

[22] Vgl. Art. „Episches Theater und Lehrstücke", in: Duden Literatur (2006), S. 379.

[23] Vgl. Hinck, Dramaturgie des späten Brecht, S. 41.

[24] Vgl. ebd., S. 99, 103.

[25] Simhandl, Theatergeschichte, S. 250.

auf der Bühne stehen mit den Spielvorgängen in direkter Beziehung. Kommentare werden auf Leinwände projiziert oder in Form von Texttafeln vermittelt, um den Zuschauer zu informieren und zugleich zu irritieren.[26]

2.4 Exemplarische Veranschaulichung: Mutter Courage und ihre Kinder

Bertolt Brecht schreibt „Mutter Courage und ihre Kinder" im Jahr 1939 als eine „Chronik aus dem Dreißigjährigen Krieg" (Untertitel). Es geht um eine geschäftstüchtige Frau, die im Dreißigjährigen Krieg mit ihren drei Kindern und ihrem Marketenderwagen quer durch Europa zieht. Obwohl sie im Verlauf der Handlung Wagen und Ware verliert und sowohl ihr Sohn als auch ihre Tochter getötet werden, erkennt sie nicht, dass sie aus dem Krieg keinen Gewinn ziehen kann.[27] Sie sagt:

> „Ich laß mir den Krieg von euch nicht madig machen. Es heißt, er vertilgt die Schwachen, aber die sind auch hin im Frieden. Nur, der Krieg nährt seine Leut besser."[28]

Brecht möchte die Uneinsichtigkeit der Courage zeigen, und dass sich die Menschen vom Krieg nichts erhoffen können. Er beschreibt dies so: „Die Courage lernt nichts."[29] Sie ist also eine Nicht-Erkennende.[30]

Die Distanz des Zuschauers zu Mutter Courage wird erreicht durch deren zwiespältige Beziehung zum Krieg. Ihr Handeln erscheint uns suspekt, weil sie sich mit dem schrecklichen Krieg verbündet, obwohl sie durch ihn so viel Leid erfährt. Der Zuschauer kann somit ihr Handeln nicht nachempfinden und sich nicht mit der Rolle identifizieren. Er wird angeregt, die Thematik des Kriegs zu reflektieren. Mit ihrem Namen „Mutter Courage" ist auch ihre eigene Widersprüchlichkeit verbunden, die Klaus Detlef Müller (2009) so beschreibt:

> „Der lebenstüchtige und risikofreudige Geschäftsgeist, dem Anna Fierling den Namen Courage verdankt [...], ist kontraproduktiv für ihre Mütterlichkeit: Mutter und Courage sind unvereinbare, letztlich vernichtende Gegensätze. Einerseits kommt sie als Händlerin durch den Krieg immer wieder in Situationen, in denen sie ihre mütterlichen Interessen vernachlässigen muss und so ihre Kinder verliert. [...] Andererseits muss sie sich auf den Krieg als lebensweltlich vorgegebene Realität einlassen, um ihre Kinder ernähren zu können. Ihre Geschäftstüchtigkeit dient ihrer Mütterlichkeit und zerstört sie zugleich."[31]

Mithilfe der Form der Chronik kann Brecht vielschichtige Vorgänge des Dreißigjährigen Kriegs schildern. Er möchte die Situation Handel treibender Kleinbürger im Krieg darstellen,

---

[26] Vgl. Simhandl, Theatergeschichte, S. 250. – Siehe auch Art. „Episches Theater", in: Fischer-Lichte et al., Theatertheorie, S. 91.

[27] Vgl. Knopf, Brecht, S. 105.

[28] Brecht, Mutter Courage, 7. Szene, S. 75.

[29] Brecht, zit. nach Thomsen et al., Ungeheuer Brecht, S. 238.

[30] Vgl. Kesting, Das epische Theater, S.79.

[31] Müller, Brecht, S. 158f.

für die das Schicksal der Mutter Courage ein Modell bilden soll. Brecht schildert die einzelnen Stationen ihres abenteuerlichen Lebens, die wiederum viele „lehrreiche" Sondersituatio-
nen enthalten und von Songs kommentiert werden. Damit wird an die Stelle des linearen dramatischen Verlaufs eine szenische Rhythmik und Montage gesetzt. Brecht greift aus den elf
Kriegsjahren, die im Drama dargestellt werden, die jeweils charakteristischen Bilder heraus.[32]
Marianne Kesting fasst Brechts Intention folgendermaßen zusammen:

> „In diesem Gesamtbild des Krieges, der als ein sich ständig und unaufhaltsam ver-
> schlimmernder Zustand dargestellt ist, umfasst Brecht nicht nur die Tragödie einzel-
> ner Menschen, er schildert die Tragödie des Krieges schlechthin."[33]

3. Fazit

Das neue Theater Bertolt Brechts stellt die Behandlung gesellschaftlicher Fragen in den Vor-
dergrund. Statt im Theater unterhalten zu werden und die Probleme und Erfahrungen des All-
tags zu vergessen, konfrontiert es den Zuschauer direkt mit einer kritischen Sicht auf gesellschaftliche Missstände. Brecht will sein Publikum mündig machen und dessen Fähigkeit för-
dern, aktiv die Lebenswirklichkeit zu verändern. Dieser Anspruch ist voraussetzungsreich,
weil die Zuschauer verstehen müssen, was Theater eigentlich ist. Nämlich eine Bühne, auf der
mit künstlerischen Mitteln und dramaturgischen Konzepten ganz unterschiedliche Wirkungen
erzielt werden können. Weil die Stilmittel des epischen Theaters Widersprüchlichkeiten beto-
nen und Irritationen hervorrufen, richtet es sich an aufgeschlossene Zuschauer, die bereit sind,
sich auf etwas Neues einzulassen.

In vielen zeitgenössischen Theatern gehören die Stücke von Bertolt Brecht heute zum
Standardrepertoire. Ihre gesellschaftskritische Position hat nichts an Aktualität verloren. Dar-
über hinaus hat Brechts radikaler Schnitt, mit dem er das traditionelle Theater revolutioniert,
in der zweiten Hälfte des 20. Jahrhunderts auch die Inszenierungen von sogenannten Theater-
klassikern beeinflusst. Dort werden die Mittel der Verfremdung und Irritation eingesetzt, um
den Stoff zu aktualisieren und für die heutige Zeit aussagekräftig zu interpretieren.

---

[32] Vgl. Kesting, Das epische Theater, S.79-81.
[33] Ebd., S. 81.

4. Literaturverzeichnis

Brauneck, Manfred (2009): Theater im 20. Jahrhundert. Programmschriften, Stilperioden, Kommentare, Reinbek bei Hamburg 2009.

Brecht, Bertolt (1972): Mutter Courage und ihre Kinder. Eine Chronik aus dem Dreißigjährigen Krieg, 19. Auflage, Frankfurt/Main 1972.

Duden Literatur (2006): Basiswissen Schule, Hrsg. Detlef Langermann, Mannheim 2006.

Fischer-Lichte, Erika (2010): Geschichte des Dramas. Epochen der Identität auf dem Theater von der Antike bis zur Gegenwart. Band 2: Von der Romantik bis zur Gegenwart, 3. Auflage, Tübingen, Basel 2010.

Fischer-Lichte, Erika; Kolesch, Doris; Warstat, Matthias (2005): Metzler Lexikon Theatertheorie, Stuttgart, Weimar 2005.

Gronemeyer, Andrea (2002): Theater. DuMont Schnellkurs, Köln 2002.

Hinck, Walter (1977): Die Dramaturgie des späten Brecht, Göttingen 1977.

Kesting, Marianne (1989): Das epische Theater. Zur Struktur des modernen Dramas, 8. Auflage, Stuttgart, Berlin, Köln 1989.

Kittstein, Ulrich (2008): Bertolt Brecht, Paderborn 2008.

Knopf, Jan (2006): Bertolt Brecht. Suhrkamp BasisBiographie, Frankfurt/Main 2006.

Kocks, Klaus (1981): Brechts literarische Evolution. Untersuchungen zum ästhetisch-ideologischen Bruch in den Dreigroschen-Bearbeitungen, München 1981.

Kotte, Andreas (2005): Theaterwissenschaft. Eine Einführung, Köln, Weimar, Wien 2005.

Müller, Klaus-Detlef (2009): Bertolt Brecht. Epoche – Werk – Wirkung, München 2009.

Natschke, Siegmund (2009): Das politische Theater Bertolt Brechts. Mit Interpretationen seiner wichtigsten Stücke, Norderstedt 2009.

Programmheft (2009): „Mutter Courage und ihre Kinder", Oldenburgisches Staatstheater 2009.

Simhandl, Peter (2007): Theatergeschichte in einem Band, Berlin 2007.

Thomsen, Frank; Müller, Hans-Harald; Kindt, Tom (2006): Ungeheuer Brecht. Eine Biographie seines Werks, Göttingen 2006.

Internetquelle:

http://cdn1.venyoobot.de/images/gj/nt/gjntm5_425_640.jpg, gefunden am 30.10.2010.